DISCOURS

PRONONCÉ SUR LA TOMBE

DE

M. EUSÈBE CASTAIGNE

PAR

LE D' CL. GIGON

Vice-Président de la Société archéologique et historique
de la Charente

A ANGOULÊME

CHEZ F. GOUMARD

Imprimeur de la Société archéologique et historique de la Charente

RUE ST MARTIAL, N° 1

M DCCC LXVII

DISCOURS

PRONONCÉ SUR LA TOMBE

DE

M. EUSÈBE CASTAIGNE

PAR

LE D^r CL. GIGON

Vice-Président de la Société archéologique et historique
de la Charente.

Jean-François-Eusèbe Castaigne, bibliothécaire de la ville d'Angoulême, ancien secrétaire, ancien vice-président de la Société, vice-président honoraire et conservateur du musée, est décédé le lundi 26 novembre 1866, à six heures du matin, dans la soixante-troisième année de son âge, après une courte maladie dont les souffrances ont été adoucies par les consolations de la religion.

Voici en quels termes le journal *le Charentais* (n° du 28 novembre) rend compte des funérailles de notre savant et regretté confrère :

« Les funérailles de M. Eusèbe Castaigne, bibliothécaire de la ville d'Angoulême, ont eu lieu ce matin, à neuf heures et demie, dans notre cathédrale. La nombreuse assistance témoignait des sentiments de douloureuse sympathie qu'avait excités la mort de notre savant concitoyen. Toutes les classes éclairées participaient par leurs représentants à ce dernier hommage rendu à la mémoire du savant et de l'homme de bien.

« Les cordons du poêle étaient tenus par MM. Paul Sazerac de Forge, maire d'Angoulême ; Liédot, ancien payeur ; Carissan, professeur d'histoire au lycée, et Gigon, vice-président de la Société archéologique et historique.

« Le deuil était conduit par M. Joseph Castaigne et la famille, suivis des membres de la Société archéologique et historique, M. Gellibert des Seguins, député de la Charente, son président, et M. Babinet de Rencogne, son secrétaire, en tête, qui avaient voulu témoigner leur respect, leur reconnaissance et leurs regrets au fondateur de la docte Compagnie.

« M. Gellibert des Seguins, prévenu au dernier moment seulement, par suite d'une absence, s'était empressé de se rendre à Angoulême pour assister à la cérémonie, et a suivi le cortége jusqu'au cimetière.

« M. l'abbé Saivet, curé de Saint-Pierre, lui-même membre de la Société, a officié et donné l'absoute. Un grand nombre de personnes ont accompagné le cercueil au cimetière, et, après les prières, M. le docteur Gigon, vice-président de la Société archéologique et historique, a prononcé sur la tombe le discours suivant :

« Messieurs,

« Je ne m'attendais pas au périlleux honneur de porter la parole
« devant vous, dans cette douloureuse solennité, et j'espérais que
« notre honoré président nous ferait entendre, au nom de la Société
« archéologique, un de ces discours remarquables dont il a le
« secret, et dont nous gardons longtemps le souvenir ; mais des
« circonstances imprévues ne l'ayant pas permis et nous ayant privé
« de cette parole aimée, à moi incombe la tâche difficile de le suppléer
« et de rappeler les mérites de celui qui fut pour moi un vieil
« ami, et pour nous tous un maître dans l'art des recherches
« historiques et dans la science de l'archéologie.

« Eusèbe Castaigne, dont nous déplorons aujourd'hui la mort
« trop prompte, était né à Bassac, en 1804, d'une famille de vieille
« bourgeoisie, qui y réside depuis des siècles, et dont il a voulu dans
« ces derniers temps retracer la généalogie, non par esprit de vanité,
« mais pour rendre hommage à des ancêtres qui lui avaient
« légué, comme un héritage précieux, un nom sans tache et honoré
« de tous. Resté orphelin de bonne heure, il fut placé par son tuteur
« au collége de Pont-le-Voy, où il fit de brillantes études, et d'où il
« sortit déjà fortement empreint de cette belle littérature française

« et Lafue, qui devait partout lui servir de modèle et de guide. Lors-
« qu'en 1822, cette première période de la vie, celle de l'insouciance
« et du bonheur, sans inquiétude du lendemain, se fut écoulée,
« lorsque les lauriers du baccalauréat eurent couronné le jeune
« écolier, et qu'il fallut songer à l'avenir sérieux, Castaigne se décida
« à l'étude du droit, et c'est avec ce dessein qu'il se rendit à Paris.
« Mais là n'était pas la propension de son esprit ; aussi, après avoir
« fréquenté la Sorbonne et le Collége de France, il oublia bientôt le
« but qu'il s'était proposé, et tout entier aux leçons de ses maîtres,
« il entra plus avant dans les études littéraires qui avaient charmé
« sa jeunesse et qui devaient remplir sa vie tout entière. Il fut du
« reste encouragé dans ce goût par quelques-uns des professeurs
« qu'il fréquentait alors et par des hommes de lettres déjà célèbres,
« notamment par Népomucène Lemercier, dont il garda toujours
« un précieux souvenir. La littérature, à cette époque, était forte-
« ment agitée par les luttes retentissantes des *Romantiques* et des
« *Classiques,* et le jeune homme, qui s'était formé à l'école des
« grands modèles, assista curieusement à ces premières escarmou-
« ches de l'esprit littéraire moderne, mais il resta fidèle aux maîtres
« de sa jeunesse, tout en rendant hommage aux beautés de la nou-
« velle école.

« Une circonstance vint bientôt complétement changer les idées
« d'avenir du jeune homme. Un de ses cousins germains, capitaine
« au 42e de ligne (légion de la Charente), ancien soldat aux vélites
« de la vieille garde, et qui fut depuis le colonel Castaigne, épousait
« dans notre ville une jeune personne, fille d'un honorable négociant
« du faubourg L'Houmeau ; cette dame avait une sœur, également
« jeune et belle, dont Eusèbe fit connaissance à cette occasion, et
« il l'épousa le 26 janvier 1826, à l'âge de vingt et un ans. A partir
« de cet instant, il oublia Paris et ses séductions ; mais toujours
« amoureux des lettres, il célébra son bonheur dans sa première
« publication parmi nous, *la Lyre d'amour,* suivie d'une biographie
« des poètes charentais.

« Cette publication avait lieu en 1829. La France était alors fort
« agitée par les luttes politiques de la fin de la Restauration. Eusèbe
« Castaigne n'était pas resté indifférent à ces mouvements qui
« allaient renverser un trône, et il me racontait quelquefois qu'en
« 1830, membre du bureau électoral d'Angoulême, comme le plus
« jeune de la liste, dans les élections qui firent député M. le doc-
« teur Gellibert, il avait préparé un discours très ardent qu'il
« voulait prononcer après l'élection ; M. Albert père, président du
« collége, l'en empêcha, et il s'est toujours loué de cet empêche-

« ment prudent qui lui épargna une école ; ce discours, dans tous
« les cas, eût été fort mal reçu de son beau-père, vieux et franc
« royaliste, avec lequel il avait eu déjà maille à partir plus d'une
« fois.

« Après 1830, la place de bibliothécaire de la ville d'Angoulême
« avait été enlevée à M. Huet, qui l'occupait depuis 1816, et donnée
« à M. Jobit, ancien professeur à l'école centrale de la Charente.
« Mais déjà cet homme était vieux, infirme ; il fallut lui donner un
« adjoint, et, sur la recommandation de M. Tiffon de Saint-Surin,
« lui-même ancien professeur de rhétorique de l'école centrale,
« le maire d'Angoulême (1) nomma Eusèbe Castaigne bibliothécaire
« adjoint.

« Cette fois Castaigne avait trouvé sa voie : lire et gouverner des
« livres, faire de la bibliographie, de la littérature en vers et en
« prose, méditer, écrire ses recherches sur l'histoire du pays,
« c'était bien la réalisation de ses rêves ; aussi nous le voyons
« immédiatement commencer son œuvre et publier de nombreux
« mémoires marqués au coin de la science et du bon goût, jusqu'en
« 1844. Alors il imprima une série de lettres inédites du roi Henri IV,
« recueillies dans notre pays, et qui furent le complément de celles
« de M. Berger de Xivrey, membre de l'Institut. Il est bien entendu
« que je ne donne aucun détail sur ses autres œuvres, fort nom-
« breuses, parce que le temps bref qui m'a été laissé pour écrire
« ces quelques pages aurait été insuffisant pour les compulser et
« les analyser toutes.

« Arrêtons-nous à cette date de 1844 qui va marquer dans l'his-
« toire littéraire de notre ville. Les travaux historiques d'Eusèbe
« Castaigne avaient groupé autour de lui quelques hommes ou
« instruits, ou intelligents, ou amateurs des choses de l'esprit et
« du passé, parmi lesquels, et au premier rang, brillait le savant
« abbé Michon, qui travaillait à la *Statistique monumentale de la*
« *Charente*, et encore MM. John Bolle, Paul Sazerac, Zadig Rivaud,
« J. Geynet, A. Callaud, de Rochebrune, Charles de Chancel, le
« vénérable Joseph Normand de La Tranchade, Dérivau et proba-
« blement plusieurs autres qui échappent à ma mémoire, pressée
« de se ressouvenir ; c'est alors qu'il nous proposa de fonder une
« Société archéologique et historique, chargée de recueillir tous les
« documents relatifs à l'histoire de notre province et de veiller à la
« conservation des vieux monuments légués par le passé à notre
« génération trop insouciante. Les bases des règlements de cette

---

(1) M. de Lambert.

« Société furent fixées et arrêtées d'une façon libérale, telles qu'elles
« sont encore aujourd'hui. M. le préfet Galzain s'empressa de donner
« les autorisations nécessaires, et le 22 août 1844 avait lieu la pre-
« mière séance, sous la présidence de M. de Chancel, lui, Castaigne,
« étant secrétaire. A partir de cet instant jusqu'en 1859, époque où
« il crut devoir se démettre de ses fonctions, il dirigea les publica-
« tions de la Société et publia lui-même, dans le *Bulletin*, divers
« travaux toujours écoutés avec intérêt, toujours lus avec avidité.
« Peu après avoir quitté le poste de secrétaire, il fut élu vice-prési-
« dent et ne cessa encore de travailler pour la Société.

« Dans un aussi rapide exposé, il m'est impossible même de
« vous énumérer ses travaux ; je réserve à d'autres, et à d'autres
« temps, de tous les rappeler et de les apprécier complétement et
« sérieusement.

« Enfin, en 1864, déjà fatigué, non par l'âge, mais plutôt par le
« travail, il résigna ses fonctions de vice-président, mais il n'inter-
« rompit point ses travaux, car il a travaillé jusqu'à son dernier
« jour (1). J'ajouterai même que ses travaux les plus importants ont
« paru depuis cette époque. Je citerai en première ligne la publica-
« tion de la *Chronique latine de l'abbaye de La Couronne* et son
« *Mémoire sur les Agesinates*, mémoire savant, plein de recherches,
« où, semblable à Cuvier ressuscitant des races éteintes à jamais,
« nous le voyons, à l'aide de quelques lambeaux des textes de Pline
« l'Ancien, de la Table Théodosienne et de quelques rares monnaies
« trouvées à Charras, à Combiers, ressusciter des peuples dont la
« mémoire était perdue parmi les hommes, et tracer d'une main
« ferme et sûre le lieu où fut le *Condate Agesinatum*, la cité des
« *Sarrumnites* et la peuplade des *Camtolectri*.

« Excusez-moi, messieurs, de placer ici des expressions aussi
« techniques, mais ces mots ont été profondément gravés dans mon
« esprit. Il y a deux jours à peine, comme médecin, comme ami,
« j'assistais à la triste agonie de ce vénéré collègue. Déjà sa raison,
« naguère si ferme, chancelait, le délire obsédait son cerveau, l'âme
« luttait pour se dégager des liens de la matière, la substance im-
« mortelle, inétendue, s'agitait pour remonter à son auteur ; alors,
« comme le guerrier, mourant loin de son pays, qui murmurait
« pour derniers mots le nom d'une victoire et de sa France bien-
« aimée, Castaigne, tombant au champ d'honneur de la pensée,
« répétait aussi ces mots qui, depuis tantôt vingt ans, occupaient

---

(1) M. Castaigne a fourni au *Bulletin* de 1866, pp. 305-321, une notice sur Jean Boiceau de Laborderie, jurisconsulte des environs de Confolens.

« son esprit et qui sont le triomphe de son intelligence et de son dur
« labeur.

« Après vous avoir entretenu du savant, permettez-moi de vous
« dire un mot de l'homme. Castaigne avait écrit depuis longtemps
« sur la porte de notre bibliothèque ces quelques mots :

« VIVITUR INGENIO — CÆTERA MORTIS ERUNT.

« L'homme dont je parle est tout entier dans ces quelques mots :
« *L'esprit seul est immortel, tout le reste est périssable*. Castaigne
« ne vécut que pour et par les choses de l'esprit ; il semblait que les
« intérêts matériels étaient étrangers et antipathiques à sa nature.
« Lorsqu'il entra à la bibliothèque comme adjoint, c'était à titre
« gratuit ; lorsque, peu de temps après, le titulaire devint tout à fait
« incapable de l'emploi par infirmité, Castaigne abandonna les deux
« tiers du traitement pour faire vivre le vieillard infortuné ; enfin,
« lorsqu'en 1838, déjà âgé de trente-quatre ans, il eut le traitement
« tout entier, il touchait une somme minime qu'il a gardée jusqu'en
« 1858, sans qu'il lui soit venu à la pensée, pendant ce temps, de
« rien réclamer de plus. S'il s'irritait quelquefois, ce n'était pas
« pour l'injustice qui lui était personnelle, mais bien pour celle
« qu'on faisait à sa chère bibliothèque. Il éprouva un grand serre-
« ment de cœur lorsque les frais d'entretien de cet établissement,
« qui étaient de 1,000 fr., furent tout à coup descendus à 500, chiffre
« auquel ils sont encore aujourd'hui, je crois, et qui ne lui permet-
« tait pas de faire les acquisitions qu'il croyait nécessaires. Enfin,
« poussé par les conseils de ses amis, il se décida, en 1858, après
« vingt-huit ans de services, à écrire une lettre au maire, lettre
« charmante, que plusieurs d'entre nous se rappellent encore, où il
« parle avec regret, avec une sorte de pudeur, de la modicité de son
« traitement, comme si l'ouvrier de la pensée était au-dessus de
« telles misères, qui pourtant préoccupent presque exclusivement
« les hommes de nos jours.

« Une récompense plus noble, plus digne de lui avait été promise
« à son mérite : en 1847, M. le préfet Galzain le proposa pour la
« croix de la Légion d'honneur, et Castaigne, à cette occasion, fit
« imprimer une liste exacte de ses nombreux travaux, liste qu'il
« compléta en 1853 ; mais les événements graves qui surgirent bien-
« tôt arrêtèrent les effets de cette proposition, et depuis nous n'avons
« pas appris qu'on y ait donné suite.

« A la bibliothèque il était un guide sûr, complaisant, bienveillant
« même, et si quelquefois l'écorce était un peu rude, c'est qu'on
« l'arrachait lui-même à des méditations sérieuses, à des travaux

« absorbants; mais il s'empressait bien vite de réparer une brus-
« querie passagère par une conversation souvent aimable, toujours
« solide, toujours nourrie de faits et de science. Quelle mémoire
« sûre et bien meublée! Comme il possédait la tradition de toute
« notre histoire locale ancienne et moderne. A cet égard la perte
« est irréparable.

« Je ne parlerai pas de ses qualités comme père, comme parent,
« comme ami, les personnes qui se pressent ici et les larmes qui
« coulent de tous les yeux sont le meilleur témoignage de l'excel-
« lence de son cœur.

« Je vous demande pardon, messieurs, de vous avoir si longue-
« ment retenus sur les bords de cette tombe; mais lorsqu'on va se
« séparer à toujours d'un vieil ami de vingt-cinq ans, il semble,
« tant qu'on parle de lui, que la mort ne l'a pas encore saisi tout
« entier. Cependant il faut nous séparer. Adieu, Castaigne! adieu,
« ami! Votre souvenir restera parmi nous, parmi cette Société dont
« longtemps vous avez été le lien et le guide, et lorsqu'à notre tour,
« zélateurs de la vérité comme vous, nous viendrons nous coucher
« dans ce champ de l'éternel repos, sous cette terre froide et sacrée
« où les passions s'éteignent, où la douleur s'endort, dans cet asile
« tutélaire et béni où l'ingratitude et la haine seront impuissantes à
« nous déchirer le cœur, alors, ami, vos écrits, par nous conservés
« soigneusement, dans nos recueils, perpétueront votre souvenir
« chez la génération ardente qui déjà se presse et se pousse sur nos
« pas, dans l'étroit sentier de la vie.

« *Et tanquam cursores vitæ lampada tradunt.* »

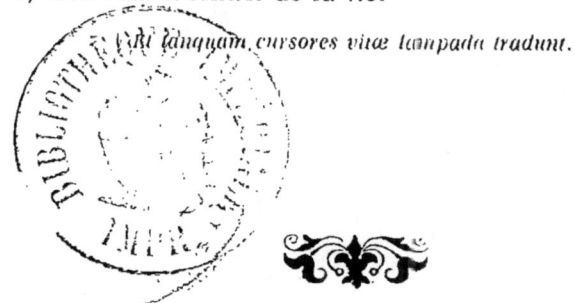

Angoulême, Imprimerie Charentaise de A. Nadaud et Cⁱᵉ,
rempart Desaix, 26.

Angoulême, Imprimerie Charentaise de A. NADAUD et C.,
rempart Desaix, 26.

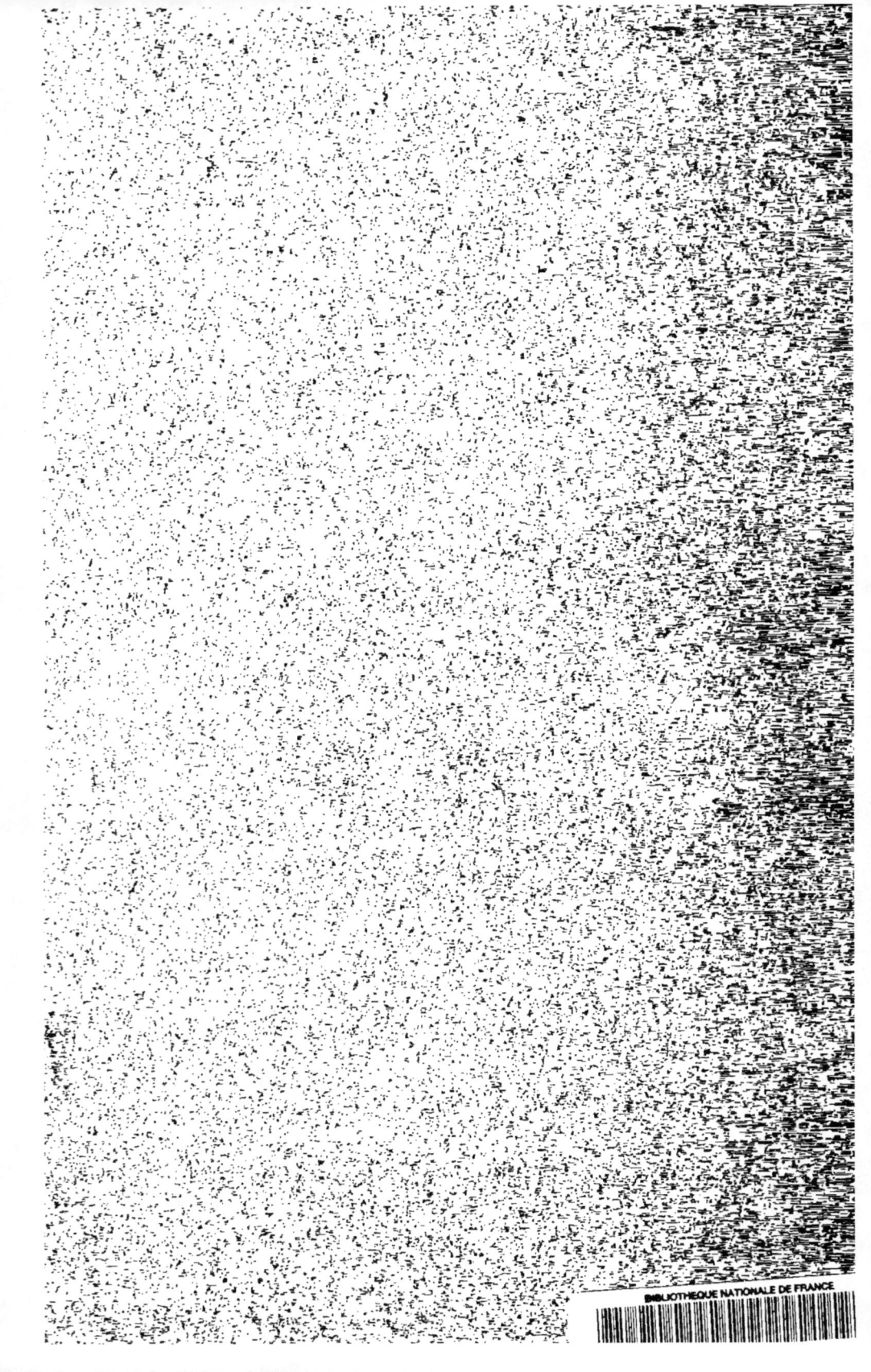

www.ingramcontent.com/pod-product-compliance
Lightning Source LLC
Chambersburg PA
CBHW071424060426
42450CB00009BA/1996